Impressum
Verlag: BABADADA GmbH, Nedderfeld 112 , 22529 Hamburg
Geschäftsführer / Verlagsleitung: Harald Hof
Druck: Books on Demand GmbH, In de Tarpen 42, 22848 Norderstedt

Imprint
Publisher: BABADADA GmbH, Nedderfeld 112 , 22529 Hamburg, Germany
Managing Director / Publishing direction: Harald Hof
Print: Books on Demand GmbH, In de Tarpen 42, 22848 Norderstedt

de school
koulu

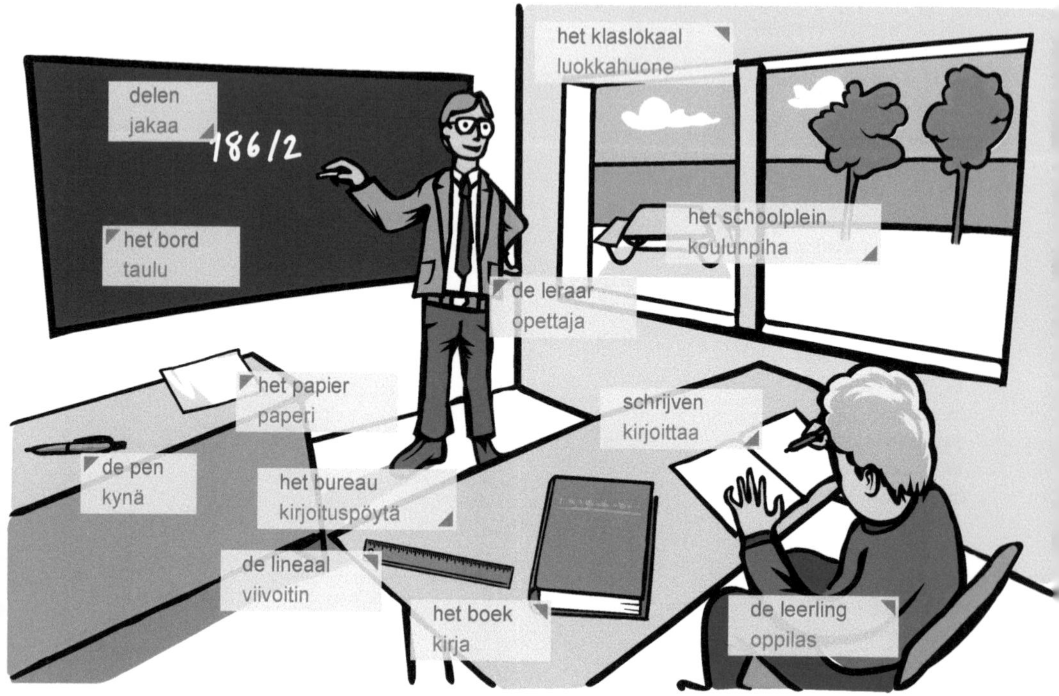
het klaslokaal
luokkahuone
delen
jakaa
186/2
het bord
taulu
het schoolplein
koulunpiha
de leraar
opettaja
het papier
paperi
schrijven
kirjoittaa
de pen
kynä
het bureau
kirjoituspöytä
de lineaal
viivoitin
het boek
kirja
de leerling
oppilas

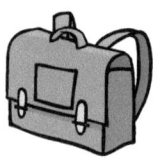

de schooltas
reppu

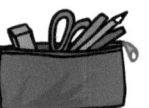

de etui
penaali

het potlood
lyijykynä

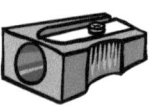

de puntenslijper
kynänteroitin

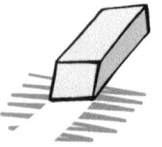

de gum
pyyhekumi

het schetsblok
piirustuslehtiö

de tekening
piirustus

het penseel
pensseli

de verfdoos
vesivärit

de schaar
sakset

de lijm
liima

het schrift
harjoituskirja

het huiswerk
kotitehtävä

12

het getal
luku

2+2

optellen
lisätä

5-2

aftrekken
vähentää

2×2

vermenigvuldigen
kertoa

rekenen
laskea

de letter
kirjain

ABCDEFG
HIJKLMN
OPQRSTU
VWXYZ

het alfabet
aakkoset

het woord
sana

de tekst

teksti

lezen

lukea

het krijt

liitu

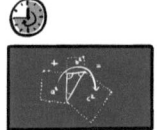

de les

oppitunti

het klassenboek

opettajan muistikirja

het examen

koe

het diploma

todistus

het schooluniform

koulupuku

de opleiding

koulutus

de encyclopedie

sanakirja

de universiteit

yliopisto

de microscoop

mikroskooppi

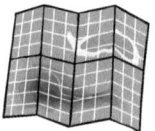

de kaart

kartta

de prullenmand

roskakori

de reis
matka

het hotel
hotelli
Grand
het hostel
retkeilymaja
ROOMS
het wisselkantoor
rahanvaihto
CHANGE
de koffer
matkalaukku
de auto
auto

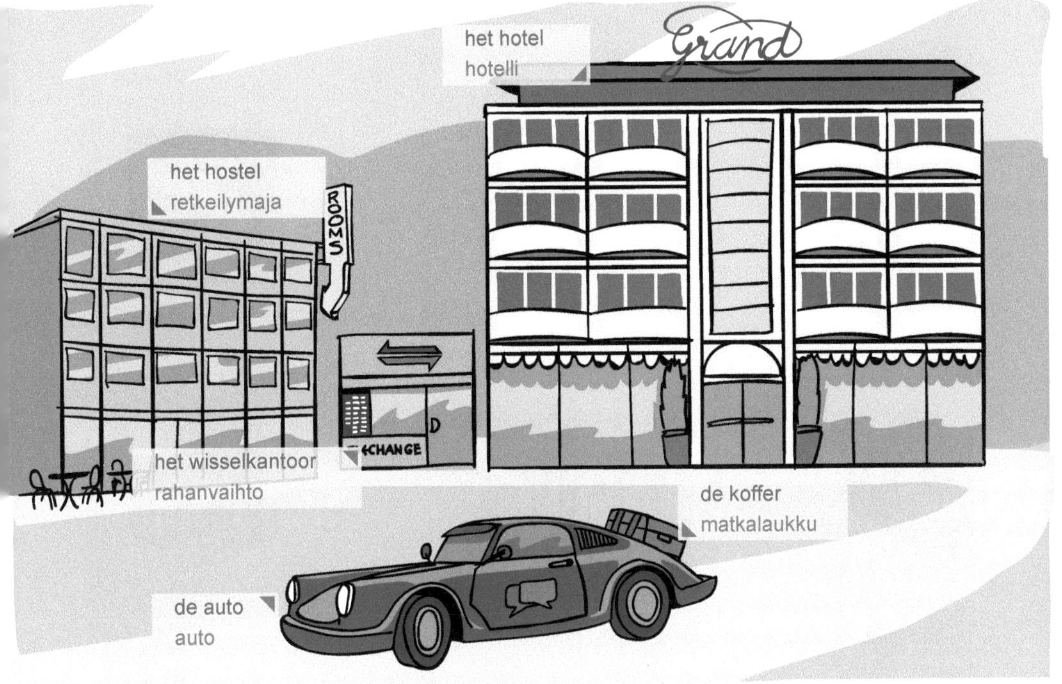

de taal

kieli

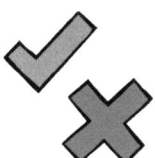

ja / nee

kyllä / ei

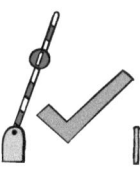

oké

selvä

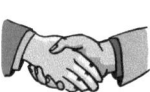

Hallo!

hei

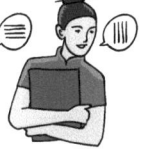

de tolk

tulkki

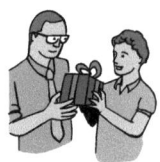

Bedankt.

kiitos

Wat kost ...?

Paljonko...maksaa?

Ik begrijp het niet.

en ymmärrä

het probleem

ongelma

Goedenavond!

Hyvää iltaa!

Goedemorgen!

Hyvää huomenta!

Goedenacht!

Hyvää yötä!

Tot ziens!

näkemiin

de richting

suunta

de bagage

matkatavarat

de tas

laukku

de rugzak

reppu

de gast

vieras

de kamer

huone

de slaapzak

makuupussi

de tent

teltta

het VVV-kantoor

turisti-info

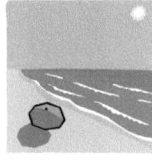

het strand

ranta

de creditkaart

luottokortti

het ontbijt

aamupala

de lunch

lounas

het diner

päivällinen

het kaartje

matkalippu

de lift

hissi

de postzegel

postimerkki

de grens

raja

de douane

tulli

de ambassade

suurlähetystö

het visum

viisumi

het paspoort

passi

het transport
kuljetus

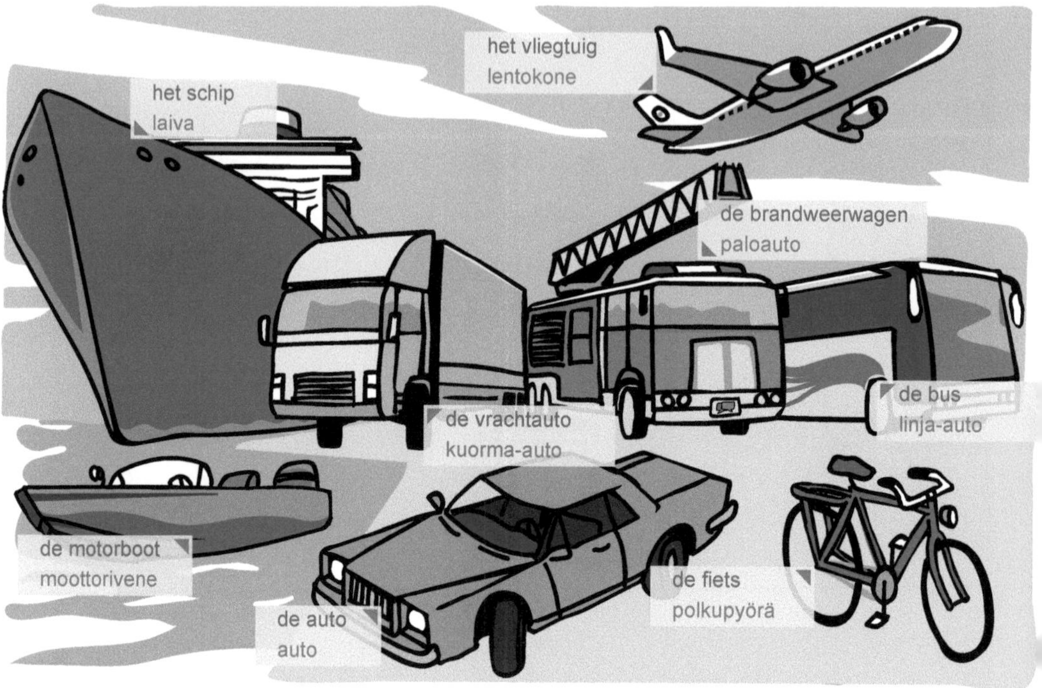
het vliegtuig
lentokone
het schip
laiva
de brandweerwagen
paloauto
de vrachtauto
kuorma-auto
de bus
linja-auto
de motorboot
moottorivene
de fiets
polkupyörä
de auto
auto

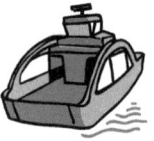

de veerboot

lautta

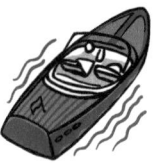

de boot

vene

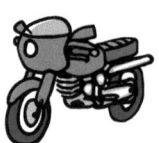

de motorfiets

moottoripyörä

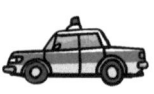

de politiewagen

poliisiauto

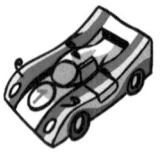

de raceauto

kilpa-auto

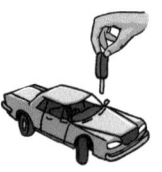

de huurauto

vuokra-auto

de carsharing

car sharing

de takelwagen

hinausauto

de vuilniswagen

roska-auto

de motor

moottori

de benzine

polttoaine

de benzinepomp

huoltoasema

het verkeersbord

liikennemerkki

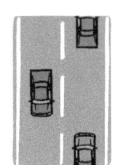

het verkeer

liikenne

de file

ruuhka

de parkeerplaats

parkkipaikka

het station

rautatieasema

de rails

raiteet

de trein

juna

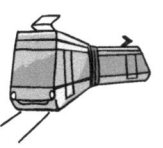

de tram

raitiovaunu

de wagon

vaunu

de helikopter

helikopteri

de luchthaven

lentokenttä

de toren

lähilennonjohto

de passagier

matkustaja

de container

kontti

de verhuisdoos

pahvilaatikko

de kar

kärryt

de mand

kori

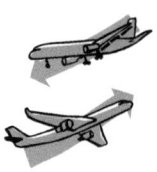

opstijgen / landen

nousta / laskea

de stad

kaupunki

het dorp

kylä

het stadscentrum

keskusta

het huis

talo

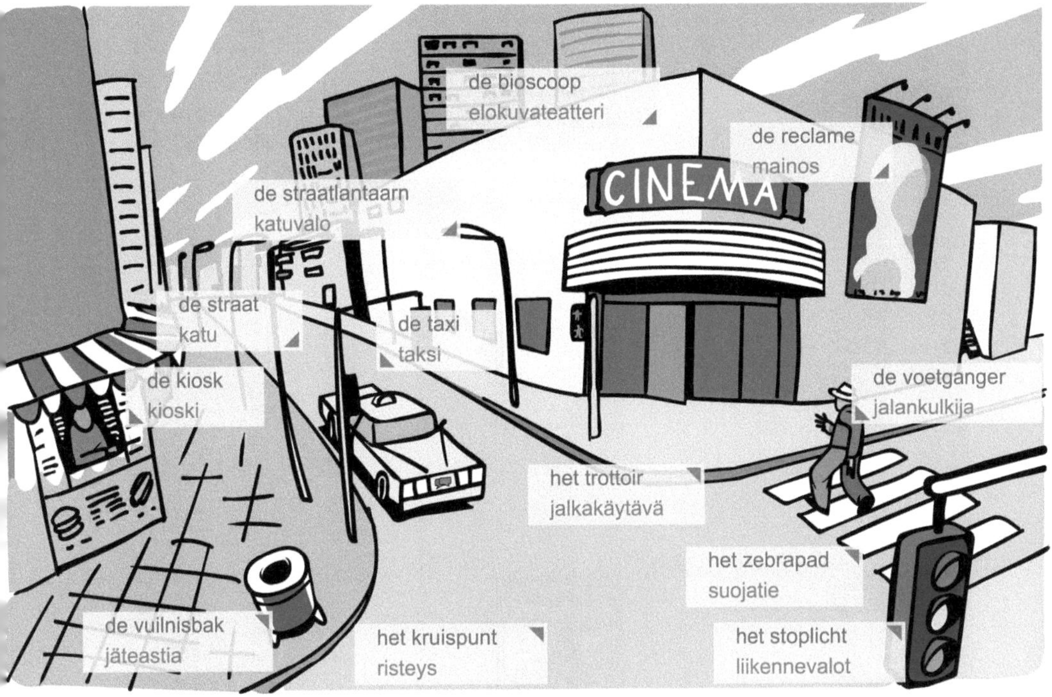

de bioscoop
elokuvateatteri
de reclame
mainos
CINEMA
de straatlantaarn
katuvalo
de straat
katu
de taxi
taksi
de kiosk
kioski
de voetganger
jalankulkija
het trottoir
jalkakäytävä
het zebrapad
suojatie
de vuilnisbak
jäteastia
het kruispunt
risteys
het stoplicht
liikennevalot

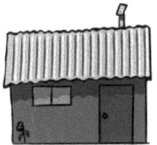

de hut

mökki

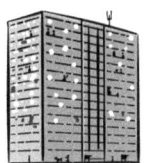

het appartement

kerrostalo

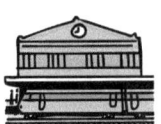

het station

rautatieasema

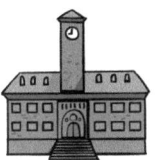

het stadhuis

kaupungintalo

MUSEUM

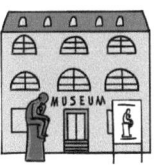

het museum

museo

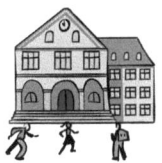

de school

koulu

de universiteit

yliopisto

de bank

pankki

het ziekenhuis

sairaala

het hotel

hotelli

de apotheek

apteekki

het kantoor

toimisto

de boekenwinkel

kirjakauppa

de winkel

liike

de bloemenwinkel

kukkakauppa

de supermarkt

supermarketti

de markt

tori

het warenhuis

tavaratalo

de visboer

kalakauppias

het winkelcentrum

ostoskeskus

de haven

satama

het park

puisto

de bank

penkki

de brug

silta

de trap

portaat

de metro

metro

de tunnel

tunneli

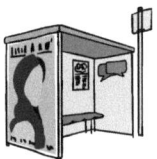

de bushalte

linja-autopysäkki

de bar

baari

het restaurant

ravintola

de brievenbus

postilaatikko

het straatnaambord

katukyltti

de parkeermeter

parkkimittari

de dierentuin

eläintarha

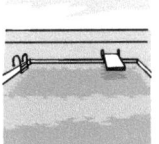

het zwembad

uimala

de moskee

moskeija

de boerderij
maatila

de vervuiling
ympäristön saastuminen

de begraafplaats
hautausmaa

de kerk
kirkko

de speelplaats
leikkikenttä

de tempel
temppeli

het landschap
maisema

het blad
lehti

de wegwijzer
tienviitta

de weg
tie

de weide
niitty

de steen
kivi

de boom
puu

de wandelaar
retkeilijä

de rivier
joki

het gras
ruoho

de bloem
kukka

de vallei

laakso

de berg

vuori

het meer

järvi

het bos

metsä

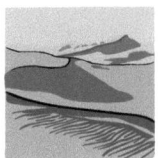

de woestijn

aavikko

de vulkaan

tulivuori

het kasteel

linna

de regenboog

sateenkaari

de paddenstoel

sieni

de palmboom

palmu

de mug

hyttynen

de vlieg

kärpänen

de mier

muurahainen

de bij

mehiläinen

de spin

hämähäkki

de kever

kovakuoriainen

de kikker

sammakko

de eekhoorn

orava

de egel

siili

de haas

jänis

de uil

pöllö

de vogel

lintu

de zwaan

joutsen

het wild zwijn

villisika

het hert

peura

de eland

hirvi

de stuwdam

pato

de windmolen

tuulimylly

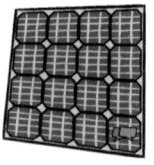

het zonnepaneel

aurinkopaneeli

het klimaat

ilmasto

het restaurant
ravintola

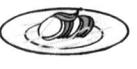

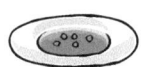

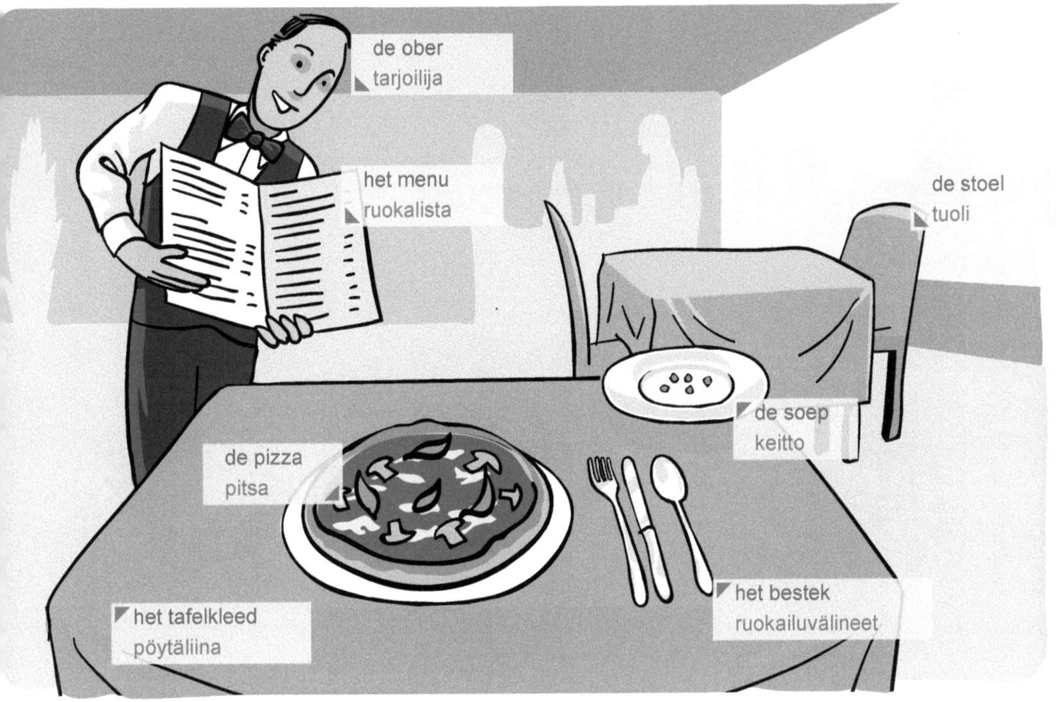
de ober
tarjoilija
het menu
ruokalista
de stoel
tuoli
de soep
keitto
de pizza
pitsa
het tafelkleed
pöytäliina
het bestek
ruokailuvälineet

het voorgerecht

alkuruoka

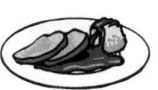

het hoofdgerecht

pääruoka

het toetje

jälkiruoka

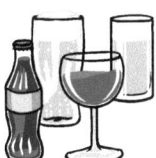

de dranken

juomat

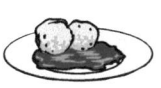

het eten

ruoka

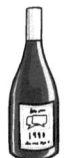

de fles

pullo

de/het fastfood

pikaruoka

het eetkraampje

katuruoka

de theepot

teekannu

de suikerpot

sokeriastia

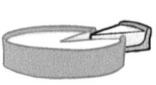

de portie

annos

de espressomachine

espressokeitin

de kinderstoel

syöttötuoli

de rekening

lasku

het dienblad

tarjotin

het mes

veitsi

de vork

haarukka

de lepel

lusikka

de theelepel

teelusikka

het servet

servietti

het glas

lasi

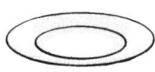

het bord
lautanen

het soepbord
syvä lautanen

de schotel
aluslautanen

de saus
kastike

het zoutvaatje
suolasirotin

de pepermolen
pippurimylly

de azijn
etikka

de olie
öljy

de kruiden
mausteet

de ketchup
ketsuppi

de mosterd
sinappi

de mayonaise
majoneesi

de supermarkt
supermarketti

de aanbieding
tarjous
FOR
de klant
asiakas
de zuivelproducten
maitotuotteet
het fruit
hedelmät
de winkelwagen
ostoskärryt

BUTCHERS

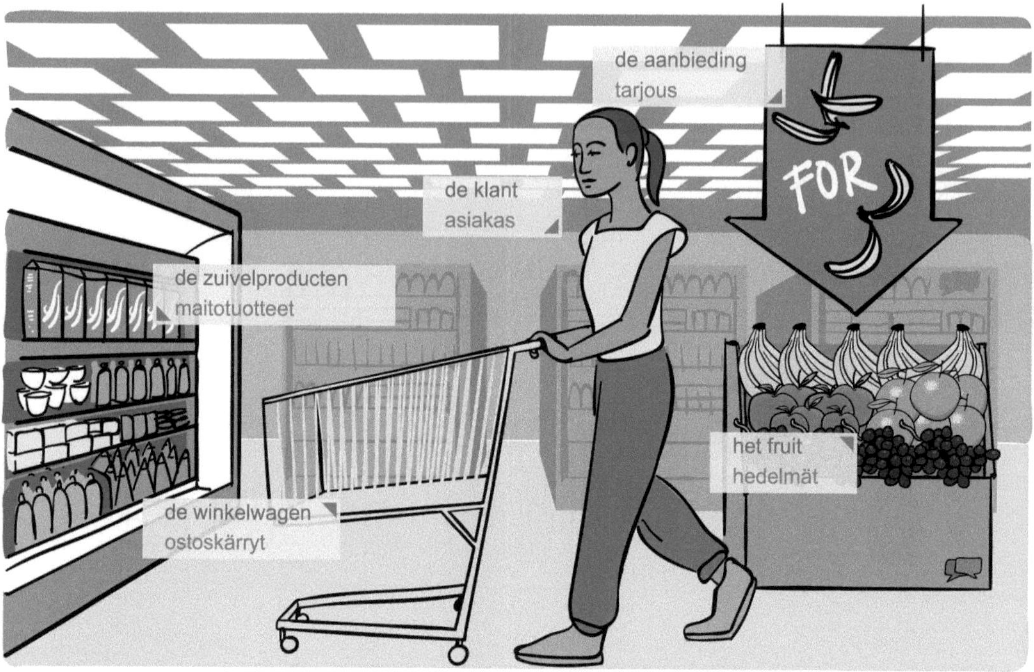

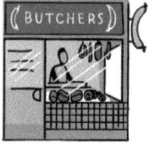

de slager

teurastamo

BAKERY

de bakkerij

leipomo

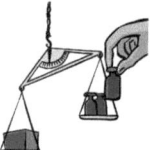

wegen

punnita

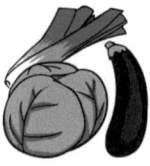

de groente

kasvikset

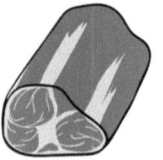

het vlees

liha

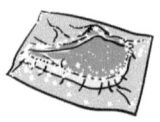

de diepvriesproducten

pakasteet

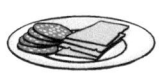

de vleeswaren

leikkele

de conserven

säilykkeet

het wasmiddel

pesujauhe

het snoepgoed

makeiset

de huishoudelijke artikelen

kotitaloustarvikkeet

het schoonmaakmiddel

puhdistusaineet

de verkoopster

myyjä

de kassa

kassa

de kassier

kassanhoitaja

het boodschappenlijstje

ostoslista

de openingstijden

aukioloajat

de portefeuille

lompakko

de creditkaart

luottokortti

de tas

kassi

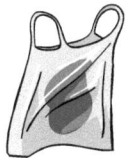

de plastic zak

muovipussi

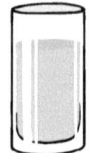

het water

vesi

het sap

mehu

de melk

maito

de cola

kokis

de wijn

viini

het bier

olut

de alcohol

alkoholi

de chocolademelk

kaakao

de thee

tee

de koffie

kahvi

de espresso

espresso

de cappuccino

cappuccino

de banaan

banaani

de appel

omena

de sinaasappel

appelsiini

de watermeloen

meloni

de citroen

sitruuna

de wortel

porkkana

de knoflook

valkosipuli

de bamboe

bambu

de ui

sipuli

de paddenstoel

sieni

de noten

pähkinät

de pasta

spagetti

de spaghetti

spagetti

de rijst

riisi

de salade

salaatti

de friet

ranskalaiset

de gebakken aardappelen

paistetut perunat

de pizza

pitsa

de hamburger

hampurilainen

de sandwich

voileipä

de schnitzel

leike

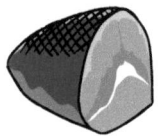

de ham

kinkku

de salami

salami

de worst

makkara

de kip

kana

het gebraad

paisti

de vis

kala

de havermout

kaurahiutaleet

de muesli

mysli

de cornflakes

murot

het meel

jauho

de croissant

voisarvi

de broodjes

sämpylä

het brood

leipä

de toast

paahtoleipä

de koekjes

keksit

de boter

voi

de kwark

rahka

de taart

kakku

het ei

kananmuna

het gebakken ei

paistettu kananmuna

de kaas

juusto

het ijs

jäätelö

de suiker

sokeri

de honing

hunaja

de jam

hillo

de chocoladepasta

suklaapähkinälevite

de kerrie

curry

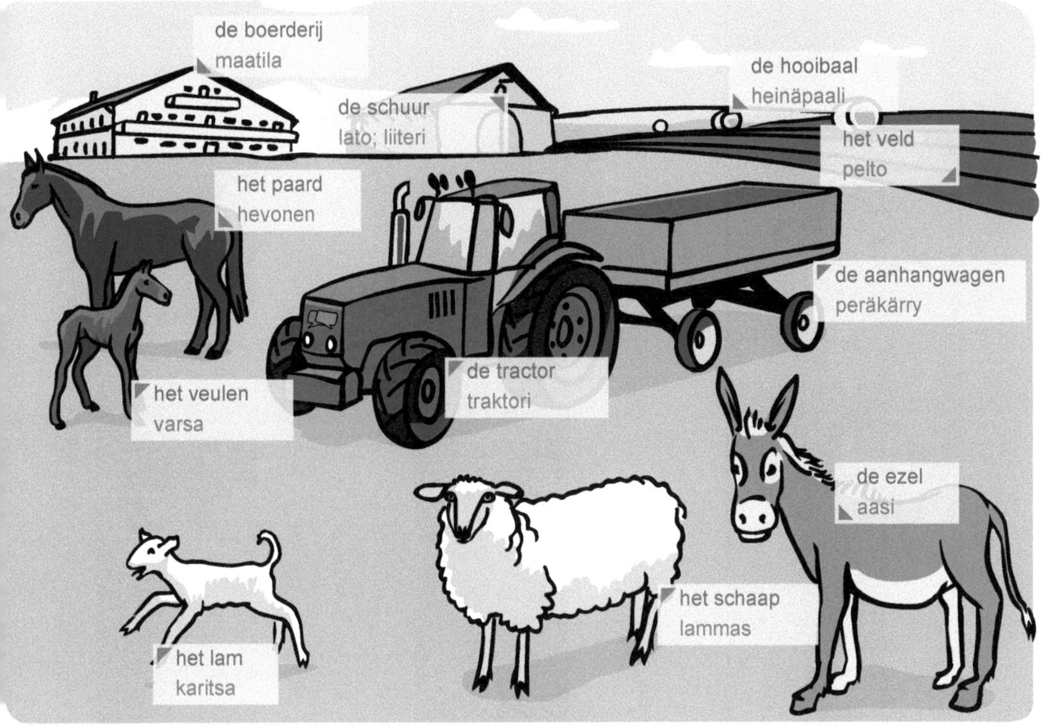

de boerderij
maatila

de schuur
lato; liiteri

de hooibaal
heinäpaali

het veld
pelto

het paard
hevonen

de aanhangwagen
peräkärry

het veulen
varsa

de tractor
traktori

de ezel
aasi

het schaap
lammas

het lam
karitsa

de geit

vuohi

de koe

lehmä

het kalf

vasikka

het varken

sika

de big

porsas

de stier

sonni

de gans

hanhi

de eend

ankka

het kuiken

tipu

de kip

kana

de haan

kukko

de rat

rotta

de kat

kissa

de muis

hiiri

de os

härkä

de hond

koira

het hondenhok

koirankoppi

de tuinslang

puutarhaletku

de gieter

kastelukannu

de zeis

viikate

de ploeg

aura

de sikkel

sirppi

de schoffel

kuokka

de hooivork

talikko

de bijl

kirves

de kruiwagen

kottikärryt

de trog

kaukalo

de melkbus

maitokannu

de zak

säkki

het hek

aita

de stal

talli

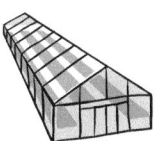

de broeikas

kasvihuone

de grond

maa

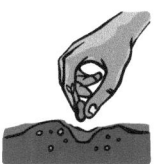

het zaad

siemen

de mest

lannoite

de maaidorser

leikkuupuimuri

oogsten

kerätä sato

de oogst

sato

de yam

jamssit

de tarwe

vehnä

de soja

soija

de aardappel

peruna

de maïs

maissi

het koolzaad

rypsi

de fruitboom

hedelmäpuu

de maniok

maniokki

de granen

vilja

het huis
talo

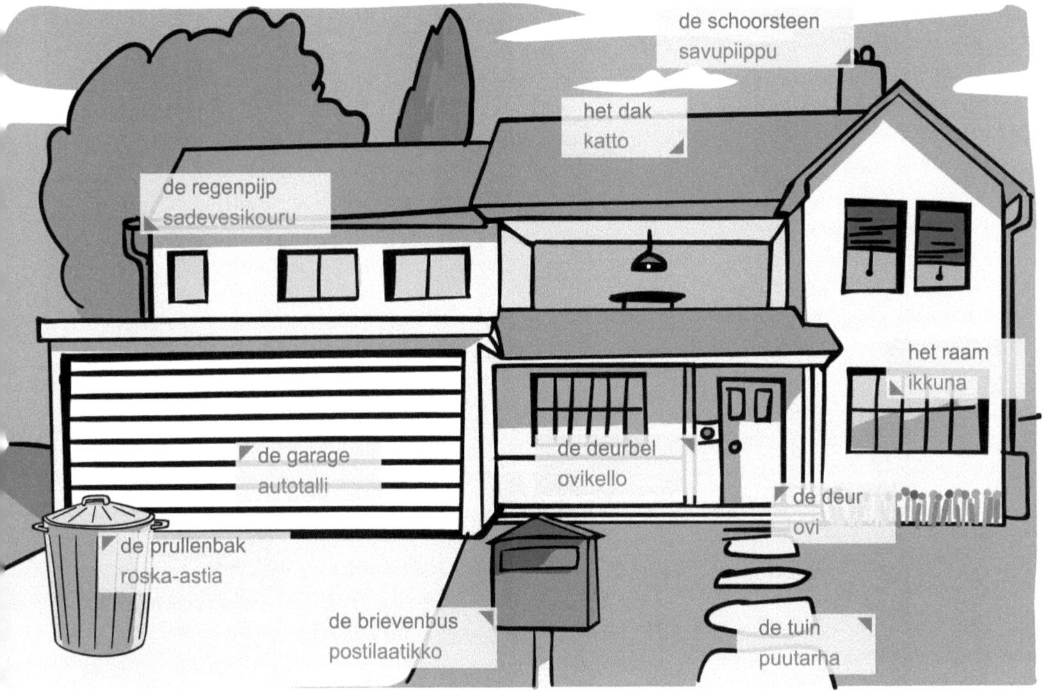
de schoorsteen
savupiippu
het dak
katto
de regenpijp
sadevesikouru
het raam
ikkuna
de garage
autotalli
de deurbel
ovikello
de deur
ovi
de prullenbak
roska-astia
de brievenbus
postilaatikko
de tuin
puutarha

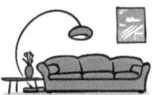

de woonkamer

olohuone

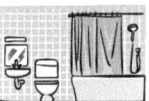

de badkamer

kylpyhuone

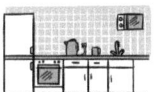

de keuken

keittiö

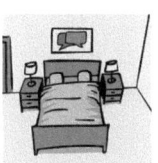

de slaapkamer

makuuhuone

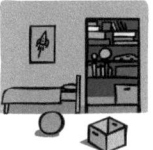

de kinderkamer

lastenhuone

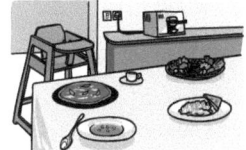

de eetkamer

ruokahuone

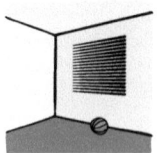

de vloer
lattia

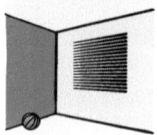

de muur
seinä

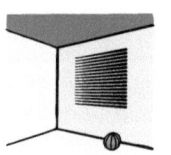

het plafond
katto

de kelder
kellari

de sauna
sauna

het balkon
parveke

het terras
terassi

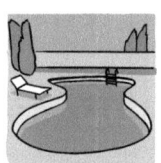

het zwembad
uima-allas

de grasmaaier
ruohonleikkuri

het laken
lakana

de bedsprei
päiväpeitto

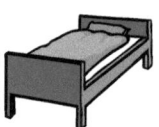

het bed
sänky

de bezem
harja

de emmer
ämpäri

de schakelaar
katkaisin

de woonkamer
olohuone

het behang
tapetti
de foto
kuva
de lamp
lamppu
de plank
hylly
de kast
kaappi
de televisie
televisio
de open haard
takka
de bloem
kukka
het kussen
tyyny
het bankstel
sohva
de vaas
maljakko
de afstandsbediening
kaukosäädin

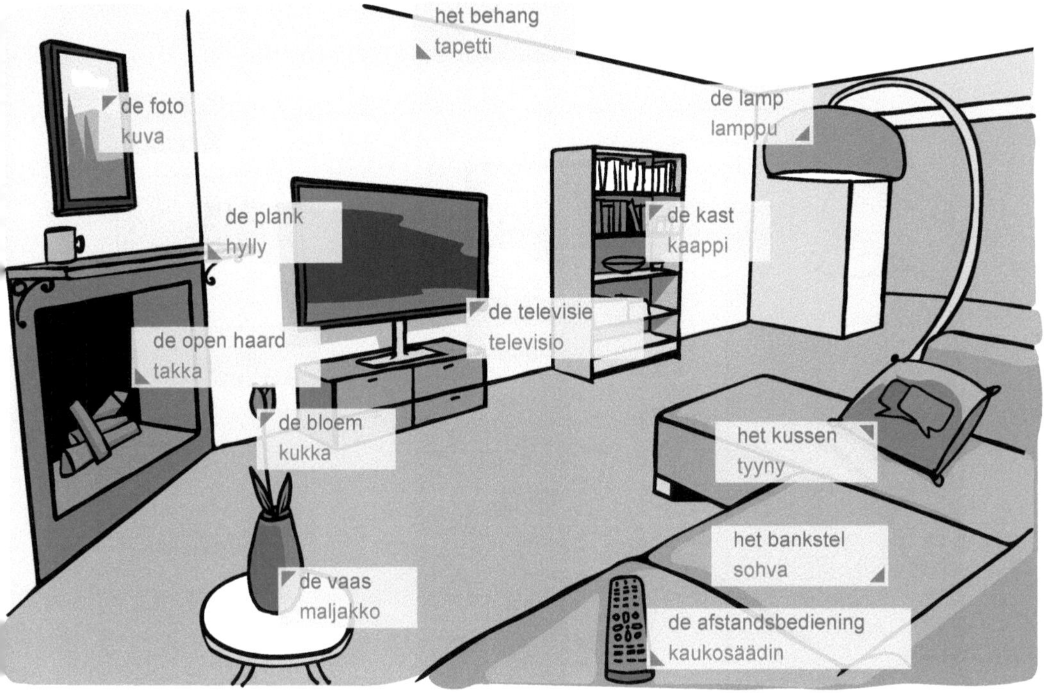

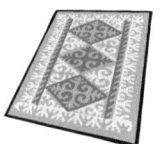

het tapijt

matto

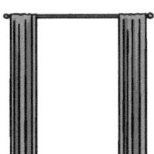

het gordijn

verho

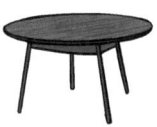

de tafel

pöytä

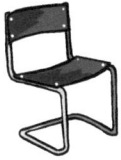

de stoel

tuoli

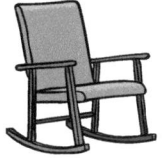

de schommelstoel

keinutuoli

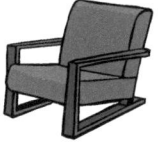

de stoel

nojatuoli

het boek

kirja

de deken

peitto

de decoratie

koriste

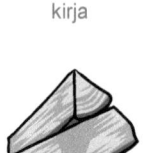

het brandhout

polttopuut

de film

elokuva

de stereo-installatie

stereot

de sleutel

avain

de krant

sanomalehti

het schilderij

maalaus

de poster

juliste

de radio

radio

het kladblok

muistivihko

de stofzuiger

pölynimuri

de cactus

kaktus

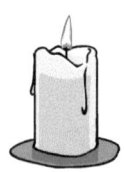

de kaars

kynttilä

de keuken
keittiö

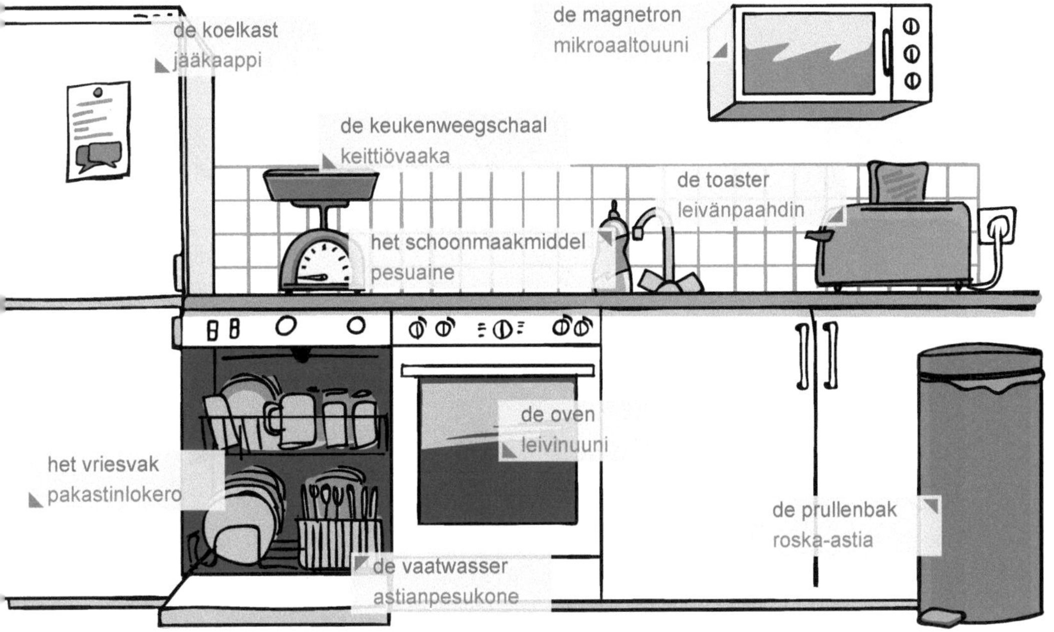
de koelkast
jääkaappi
de magnetron
mikroaaltouuni
de keukenweegschaal
keittiövaaka
de toaster
leivänpaahdin
het schoonmaakmiddel
pesuaine
de oven
leivinuuni
het vriesvak
pakastinlokero
de prullenbak
roska-astia
de vaatwasser
astianpesukone

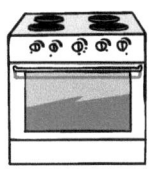

het fornuis

liesi

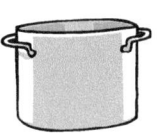

de pan

kattila

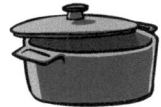

de gietijzeren pan

rautapata

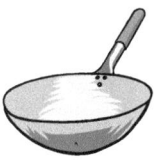

de wok / kadai

vokkipannu / kadai-pannu

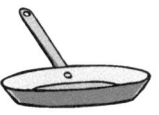

de koekenpan

paistinpannu

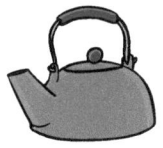

de ketel

teepannu

de stoomkoker

höyrykeitin

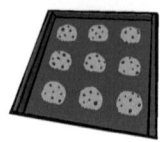

de bakplaat

uunipelti

het servies

astiat

de beker

muki

de kom

kulho

de eetstokjes

syömäpuikot

de soeplepel

kauha

de spatel

paistinlasta

de garde

vispilä

het vergiet

siivilä

de zeef

siivilä

de rasp

raastin

de vijzel

mortteli

de barbecue

grilli

de vuurhaard

avotuli

de snijplank

leikkuulauta

de deegroller

kaulin

de kurkentrekker

korkinavaaja

het blik

purkki

de blikopener

purkinavaaja

de pannenlap

pannulappu

de wasbak

lavuaari

de borstel

tiskiharja

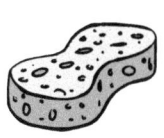

de spons

pesusieni

de blender

tehosekoitin

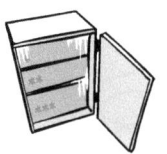

de vriezer

pakastin

het babyflesje

tuttipullo

de kraan

vesihana

de badkamer
kylpyhuone

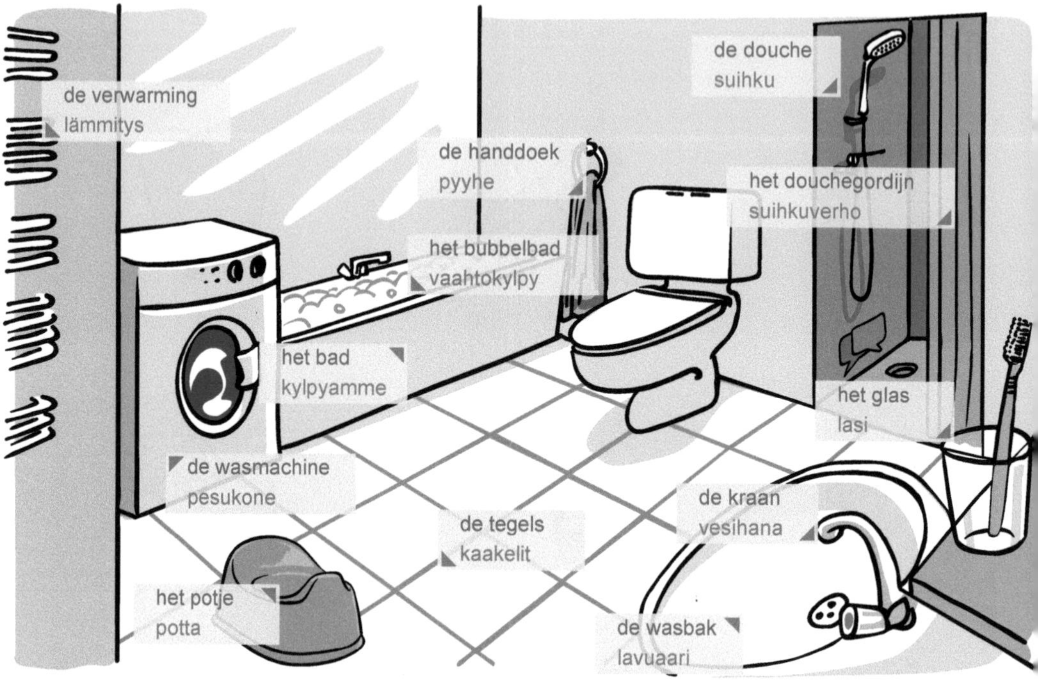
de verwarming
lämmitys
de handdoek
pyyhe
de douche
suihku
het douchegordijn
suihkuverho
het bubbelbad
vaahtokylpy
het bad
kylpyamme
het glas
lasi
de wasmachine
pesukone
de kraan
vesihana
de tegels
kaakelit
het potje
potta
de wasbak
lavuaari

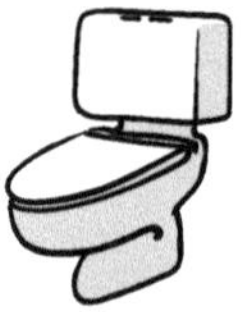

het toilet
vessa

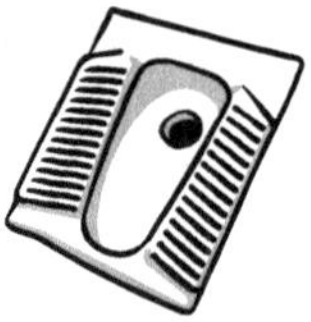

het hurktoilet
kyykkyvessa

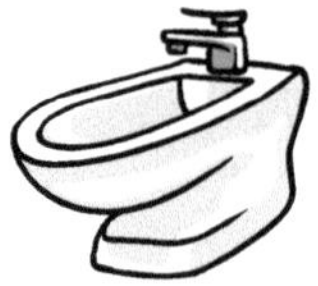

de/het bidet
bidee

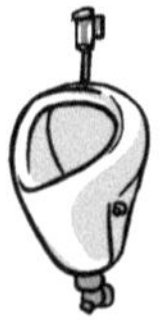

het urinoir
pisuaari

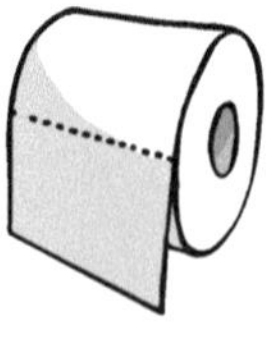

het toiletpapier
vessapaperi

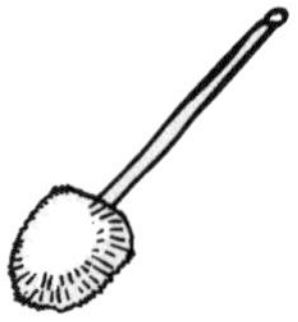

de toiletborstel
vessaharja

de tandenborstel

hammasharja

de tandpasta

hammastahna

het flosdraad

hammaslanka

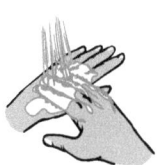

wassen

pestä

de handdouche

käsisuihku

de toiletdouche

intiimisuihku

de waskom

pesuvati

de rugborstel

selkäharja

de zeep

saippua

de douchegel

suihkugeeli

de shampoo

shampoo

het washandje

pesulappu

de afvoer

viemäri

de creme

voide

de deodorant

deodorantti

de spiegel

peili

de make-upspiegel

käsipeili

het scheermes

partaveitsi

het scheerschuim

partavaahto

de aftershave

partavesi

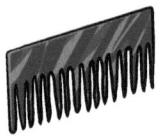

de kam

kampa

de borstel

harja

de haardroger

hiustenkuivaaja

de haarspray

hiuslakka

de make-up

meikki

de lippenstift

huulipuna

de nagellak

kynsilakka

de watten

pumpuli

het nagelschaartje

kynsisakset

de/het parfum

hajuvesi

de toilettas

kosmetiikkalaukku

de kruk

jakkara

de weegschaal

vaaka

de badjas

kylpytakki

de rubber handschoenen

kumihansikkaat

de tampon

tamponi

het maandverband

terveysside

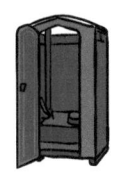

het chemisch toilet

kemiallinen wc

de kinderkamer
lastenhuone

de wekker
herätyskello
het knuffeldier
pehmolelu
de speelgoedauto
leikkiauto
de rammelaar
helistin
het poppenhuis
nukkekoti
het cadeau
lahja

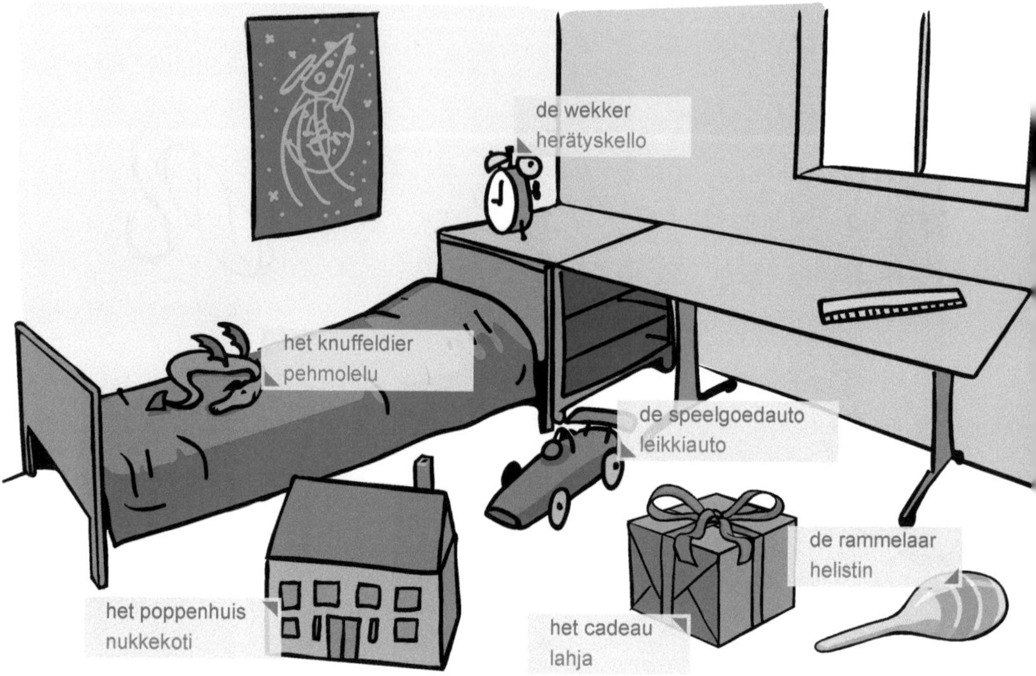

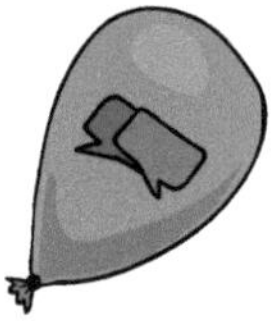

de ballon
ilmapallo

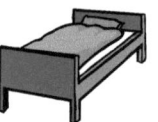

het bed
sänky

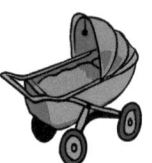

de kinderwagen
lastenvaunut

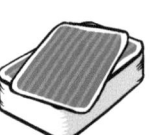

het kaartspel
korttipeli

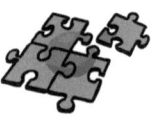

de puzzel
palapeli

SUPER
MEGA

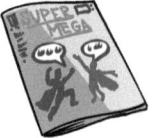

het stripverhaal
sarjakuva

de legostenen

legopalikat

de speelgoedblokken

rakennuspalikat

het actiefiguurtje

supersankari

de romper

potkupuku

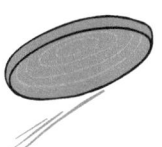

de frisbee

frisbee

de/het mobile

mobile

het bordspel

lautapeli

de dobbelsteen

noppa

de modeltrein

pienoisjunarata

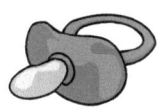

de speen

tutti

het feestje

juhlat

het prentenboek

kuvakirja

de bal

pallo

de pop

nukke

spelen

leikkiä

de zandbak
hiekkalaatikko

de schommel
keinu

het speelgoed
lelut

de spelcomputer
pelikonsoli

de driewieler
kolmipyörä

de teddybeer
nalle

de kleerkast
vaatekaappi

de kleding

vaatteet

de sokken
sukat

de kousen
nylonsukat

de panty
sukkahousut

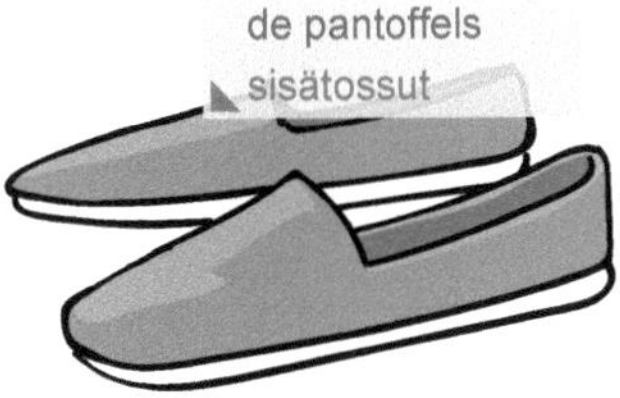

de sjaal
kaulaliina

de paraplu
sateenvarjo

het T-shirt
t-paita

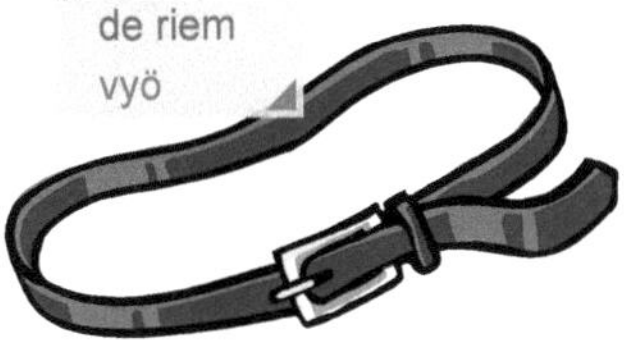

de riem
vyö

de laarzen
saappaat

de pantoffels
sisätossut

de sportschoenen
lenkkarit

de sandalen
....
sandaalit

de schoenen
....
kengät

de rubberlaarzen
....
kumisaappaat

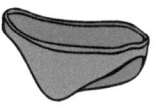

de onderbroek
....
alushousut

de beha
....
rintaliivit

het onderhemd
....
aluspaita

de body

body

de broek

housut

de spijkerbroek

farkut

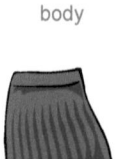

de rok

hame

de blouse

pusero

het overhemd

paita

de trui

villapaita

de hoody

collegepaita

de blazer

jakku

de jas

takki

de mantel

takki

de regenjas

sadetakki

het kostuum

puku

de jurk

mekko

de trouwjurk

hääpuku

het pak

puku

het nachthemd

yöpaita

de pyjama

pyjama

de sari

shari

de hoofddoek

päähuivi

de tulband

turbaani

de boerka

burka

de kaftan

kaftaani

de abaja

abaya

het zwempak

uimapuku

de zwembroek

uimahousut

de korte broek

shortsit

het trainingspak

verkkarit

de/het schort

esiliina

de handschoenen

käsineet

de kleding - vaatteet

de knoop

nappi

de bril

silmälasit

de armband

rannekoru

de ketting

kaulakoru

de ring

sormus

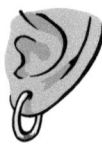

de oorbel

korvakoru

de pet

lippalakki

de kledinghanger

ripustin

de hoed

hattu

de stropdas

solmio

de rits

vetoketju

de helm

kypärä

de bretels

henkselit

het schooluniform

koulupuku

het uniform

univormu

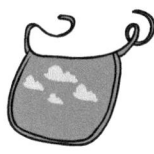

het slabbetje

ruokalappu

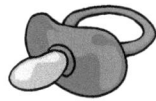

de speen

tutti

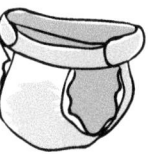

de luier

vaippa

het kantoor

toimisto

de server
palvelin
de archiefkast
asiakirjakaappi
de printer
tulostin
het papier
paperi
het beeldscherm
näyttö
het bureau
kirjoituspöytä
de muis
hiiri
de map
kansio
het toetsenbord
näppäimistö
de prullenmand
roskakori
de computer
tietokone
de stoel
tuoli

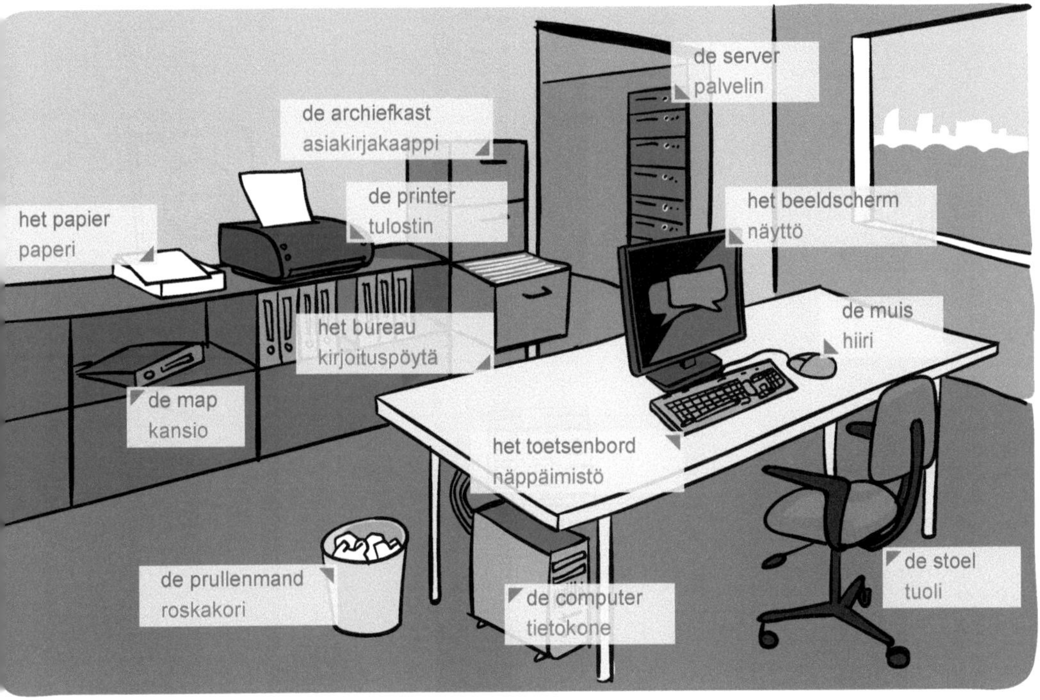

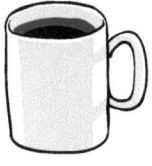

de koffiemok

kahvimuki

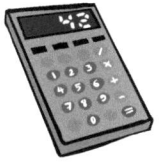

de rekenmachine

taskulaskin

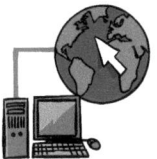

het internet

internet

de laptop

kannettava tietokone

de brief

kirje

het bericht

viesti

de mobiele telefoon

kännykkä

het netwerk

verkko

de kopieermachine

kopiokone

de software

ohjelmisto

de telefoon

puhelin

het stopcontact

pistorasia

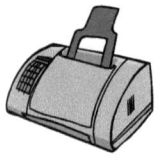

de fax

faksi

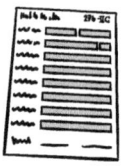

het formulier

lomake

het document

asiakirja

het kantoor - toimisto

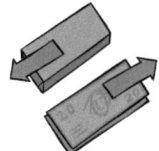

kopen

ostaa

betalen

maksaa

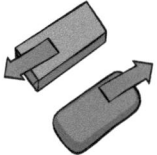

handel drijven

vaihtaa

het geld

raha

 USD

de dollar

dollari

 EUR

de euro

euro

 JPY

de yen

jeni

 RUB

de roebel

rupla

 CHF

de Zwitserse frank

frangi

 CNY

de renminbi yuan

renminbi juan

 INR

de roepie

rupia

de geldautomaat

pankkiautomaatti

het wisselkantoor

rahanvaihto

het goud

kulta

het zilver

hopea

de olie

öljy

de energie

energia

de prijs

hinta

het contract

sopimus

de belasting

vero

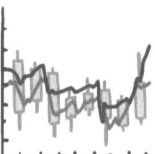

het aandeel

osake

werken

työskennellä

de werknemer

työntekijä

de werkgever

työnantaja

de fabriek

tehdas

de winkel

liike

de economie - talous

de beroepen
ammatit

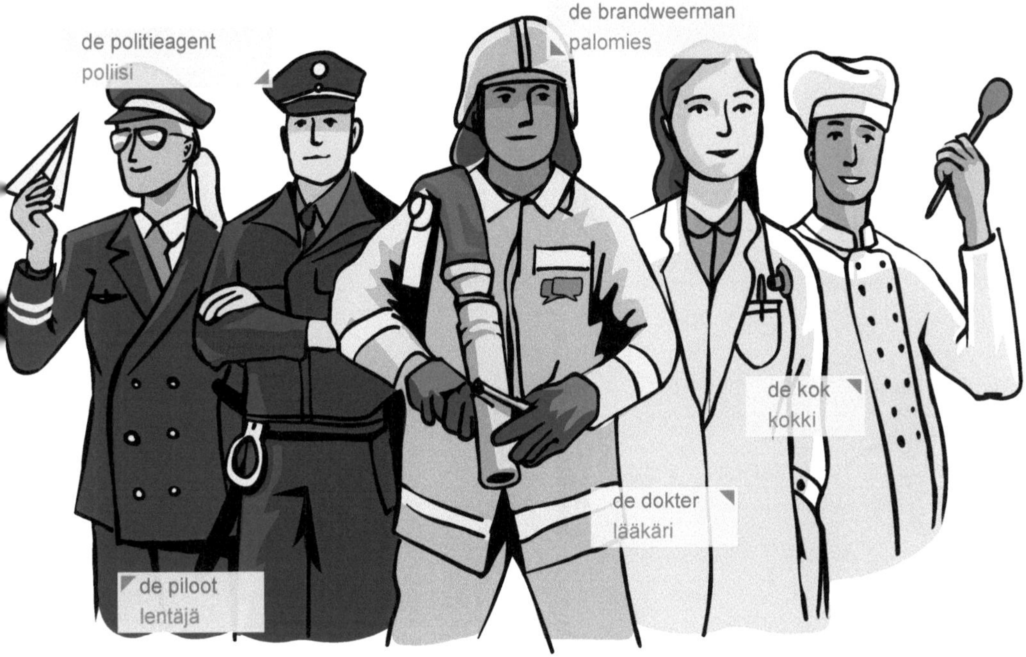
de politieagent
poliisi
de brandweerman
palomies
de kok
kokki
de dokter
lääkäri
de piloot
lentäjä

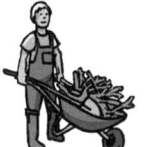

de tuinman

puutarhuri

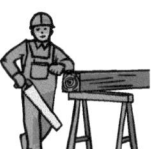

de timmerman

puuseppä

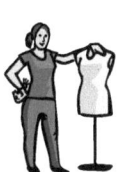

de naaister

ompelija

de rechter

tuomari

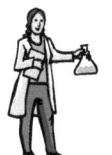

de scheikundige

kemisti

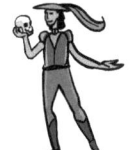

de toneelspeler

näyttelijä

de buschauffeur

linja-autonkuljettaja

de taxichauffeur

taksinkuljettaja

de visser

kalastaja

de schoonmaakster

siivooja

de dakdekker

katontekijä

de ober

tarjoilija

de jager

metsästäjä

de schilder

maalari

de bakker

leipuri

de elektricien

sähköasentaja

de bouwvakker

rakentaja

de ingenieur

insinööri

de slager

teurastaja

de loodgieter

putkiasentaja

de postbode

postinjakaja

de soldaat

sotilas

de architect

arkkitehti

de kassier

kassanhoitaja

de bloemist

floristi

de kapper

kampaaja

de conducteur

konduktööri

de monteur

mekaanikko

de kapitein

kapteeni

de tandarts

hammaslääkäri

de wetenschapper

tiedemies

de rabbi

rabbi

de imam

imaami

de monnik

munkki

de pastoor

pappi

het gereedschap
työkalut

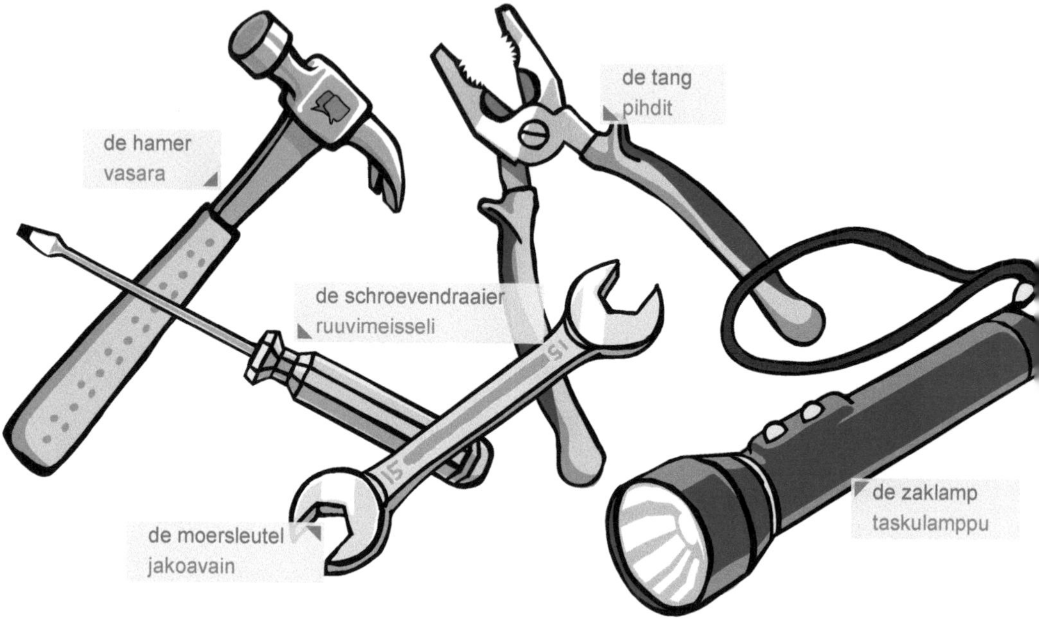
de hamer
vasara
de tang
pihdit
de schroevendraaier
ruuvimeisseli
de moersleutel
jakoavain
de zaklamp
taskulamppu

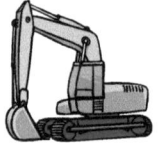

de graafmachine

kaivinkone

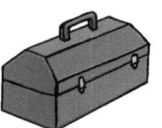

de gereedschapskist

työkalupakki

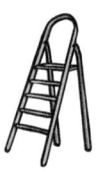

de ladder

tikkaat

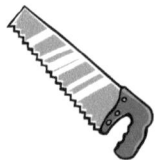

de zaag

saha

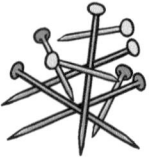

de spijkers

naulat

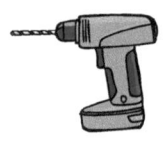

de boor

pora

repareren
korjata

de schep
lapio

Verdorie!
Hitto!

het stofblik
rikkalapio

de verfpot
maalipurkki

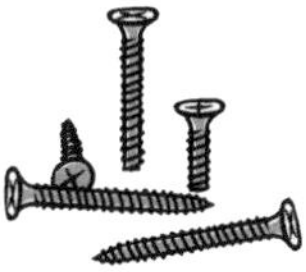

de schroeven
ruuvit

de muziekinstrumenten
soittimet

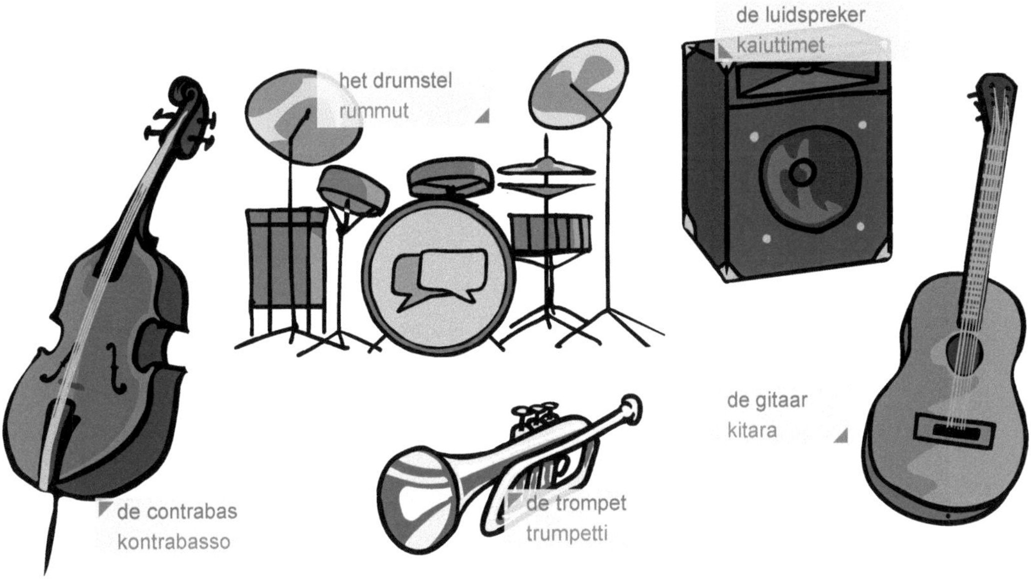

de luidspreker
kaiuttimet

het drumstel
rummut

de contrabas
kontrabasso

de trompet
trumpetti

de gitaar
kitara

de piano

piano

de viool

viulu

de bas

basso

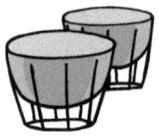

de pauk

patarummut

de trommel

rumpu

het keyboard

kosketinsoitin

de saxofoon

saksofoni

de fluit

huilu

de microfoon

mikrofoni

de dierentuin

eläintarha

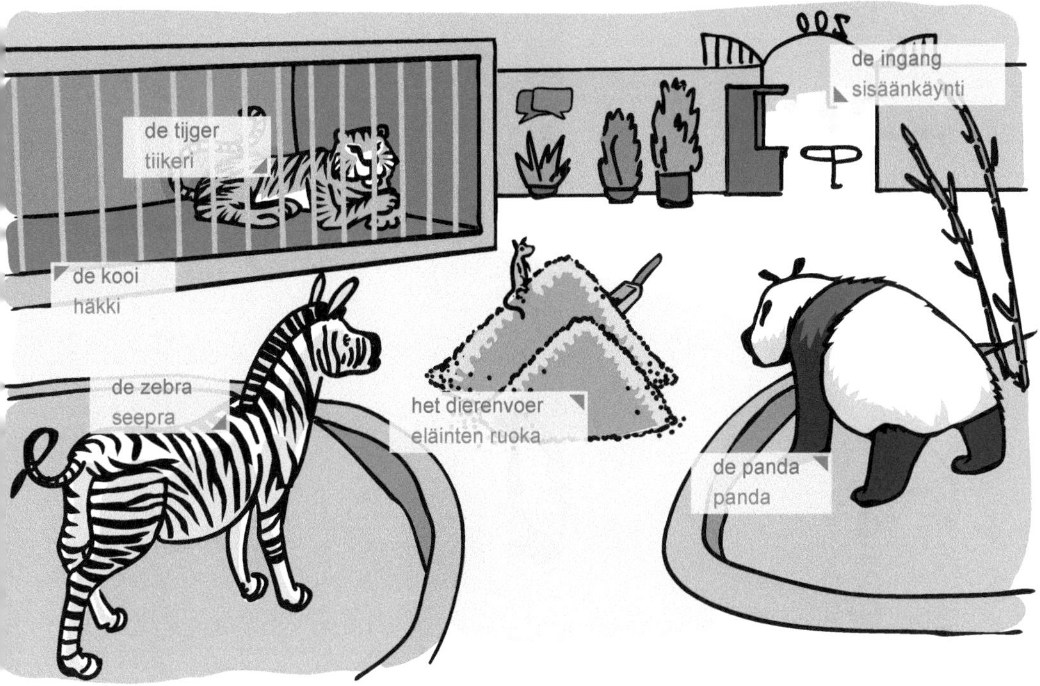
de ingang
sisäänkäynti
de tijger
tiikeri
de kooi
häkki
de zebra
seepra
het dierenvoer
eläinten ruoka
de panda
panda

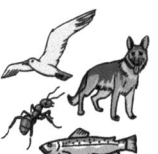

de dieren

eläimet

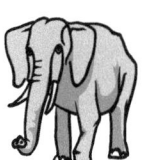

de olifant

norsu

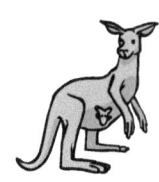

de kangoeroe

kenguru

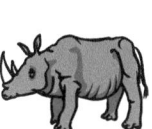

de neushoorn

sarvikuono

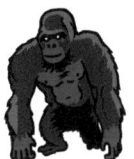

de gorilla

gorilla

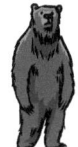

de beer

karhu

de kameel

kameli

de struisvogel

strutsi

de leeuw

leijona

de aap

apina

de flamingo

flamingo

de papegaai

papukaija

de ijsbeer

jääkarhu

de pinguïn

pingviini

de haai

hai

de pauw

riikinkukko

de slang

käärme

de krokodil

krokotiili

de dierenverzorger

eläintarhanhoitaja

de zeehond

hylje

de jaguar

jaguaari

de pony

poni

de/het luipaard

leopardi

het nijlpaard

virtahepo

de giraffe

kirahvi

de adelaar

kotka

het wild zwijn

villisika

de vis

kala

de schildpad

kilpikonna

de walrus

mursu

de vos

kettu

de gazelle

gaselli

American football
amerikkalainen jalkapallo

wielrennen
pyöräily

tennis
tennis

basketbal
koripallo

zwemmen
uinti

ijshockey
jääkiekko

boksen
nyrkkeily

voetbal
jalkapallo

badminton
sulkapallo

atletiek
yleisurheilu

handbal
käsipallo

skiën
hiihto

polo
poolo

de activiteiten
aktiviteetit

springen
hypätä
knuffelen
halata
lachen
nauraa
lopen
kävellä
zingen
laulaa
dromen
unelmoida
bidden
rukoilla
kussen
suudella

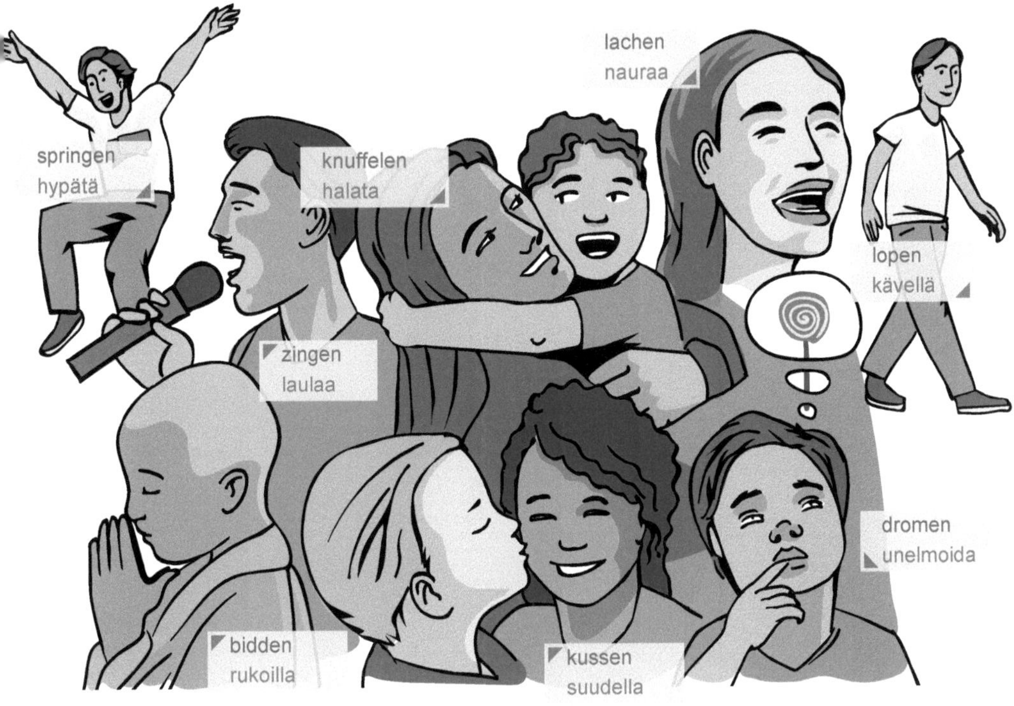

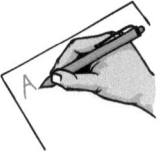

schrijven
kirjoittaa

tekenen
piirtää

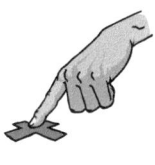

tonen
näyttää

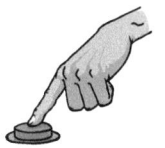

duwen
painaa

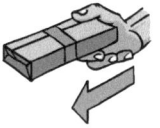

geven
antaa

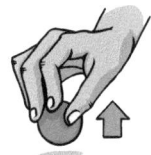

oppakken
ottaa

hebben

omistaa

doen

tehdä

zijn

olla

staan

seisoa

rennen

juosta

trekken

vetää

gooien

heittää

vallen

kaatua

liggen

maata

wachten

odottaa

dragen

kantaa

zitten

istua

aankleden

pukeutua

slapen

nukkua

wakker worden

herätä

bekijken
katsoa

huilen
itkeä

strelen
silittää

kammen
kammata

praten
puhua

begrijpen
ymmärtää

vragen
kysyä

horen
kuunnella

drinken
juoda

eten
syödä

opruimen
siivota

houden van
rakastaa

koken
keittää

rijden
ajaa

vliegen
lentää

zeilen

purjehtia

rekenen

laskea

lezen

lukea

leren

oppia

werken

työskennellä

trouwen

mennä naimisiin

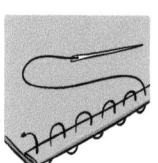

naaien

ommella

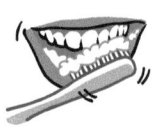

tandenpoetsen

pestä hampaat

doden

tappaa

roken

tupakoida

verzenden

lähettää

de grootmoeder
mummo

de grootvader
ukki

de vader
isä

de moeder
äiti

de baby
vauva

de dochter
tytär

de zoon
poika

de gast

vieras

de tante

täti

de oom

setä

de broer

veli

de zus

sisko

het lichaam

vartalo

het voorhoofd
otsa
het oog
silmä
de schouder
olkapää
de vinger
sormet
het gezicht
kasvot
de kin
leuka
de hand
käsi
het been
jalka
de borst
rinta
de arm
käsivarsi

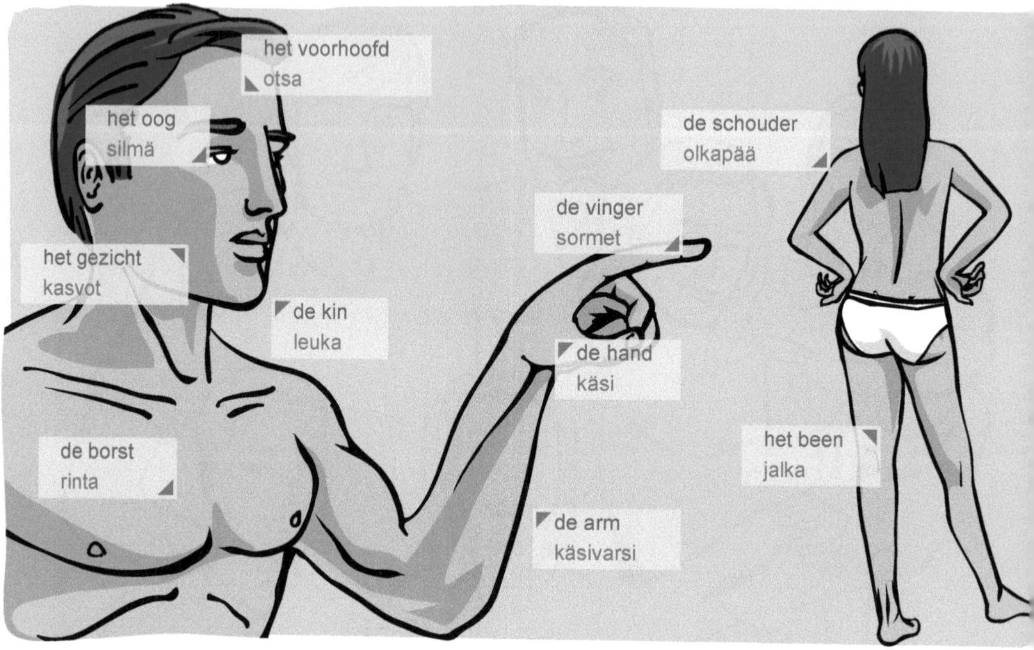

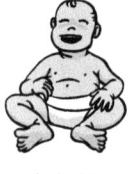

de baby

vauva

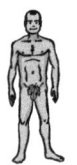

de man

mies

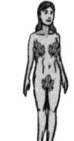

de vrouw

nainen

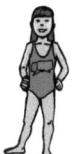

het meisje

tyttö

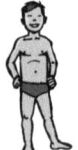

de jongen

poika

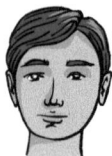

het hoofd

pää

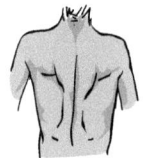

de rug

selkä

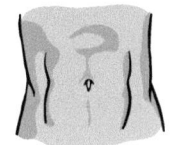

de buik

maha

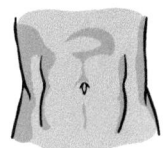

de navel

napa

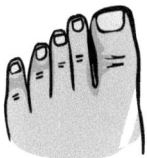

de teen

varvas

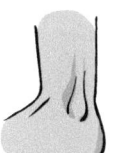

de hiel

kantapää

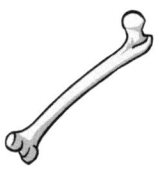

het bot

luu

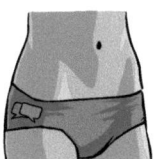

de heup

lantio

de knie

polvi

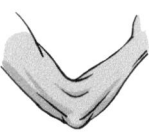

de elleboog

kyynärpää

de neus

nenä

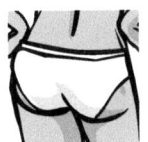

het achterwerk

takapuoli

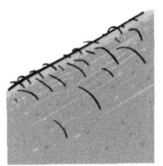

de huid

iho

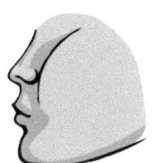

de wang

poski

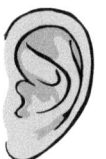

het oor

korva

de lippen

huuli

de mond

suu

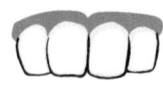

de tand

hammas

de tong

kieli

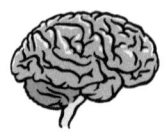

de hersenen

aivot

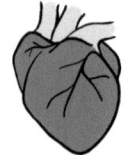

het hart

sydän

de spier

lihas

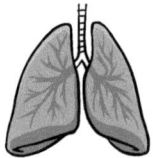

de long

keuhkot

de lever

maksa

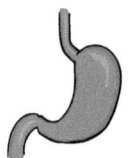

de maag

vatsa

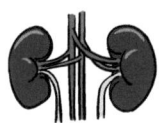

de nieren

munuaiset

de geslachtsgemeenschap

seksi

het condoom

kondomi

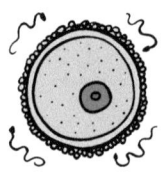

de eicel

munasolu

het sperma

sperma

de zwangerschap

raskaus

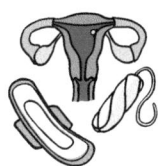

de menstruatie

kuukautiset

de vagina

vagina

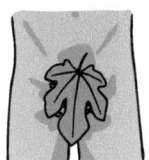

de penis

penis

de wenkbrauw

kulmakarvat

het haar

hiukset

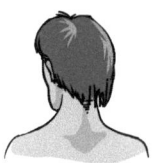

de hals

niska

het ziekenhuis
sairaala

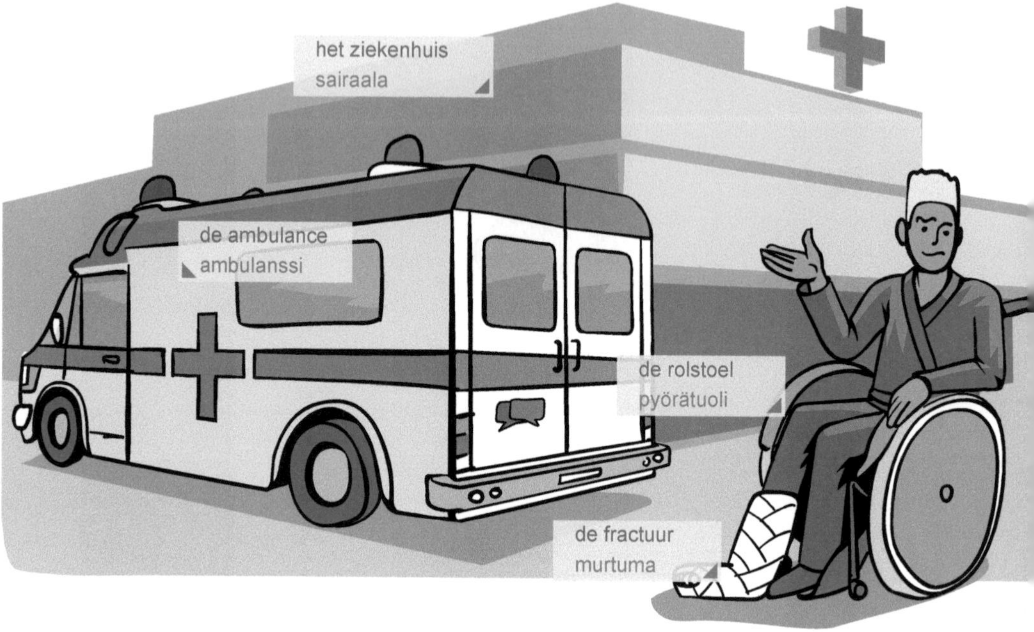

het ziekenhuis
sairaala
de ambulance
ambulanssi
de rolstoel
pyörätuoli
de fractuur
murtuma

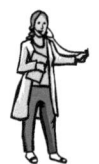

de dokter
lääkäri

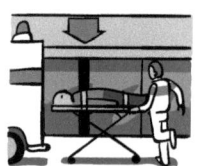

de EHBO
ensiapu

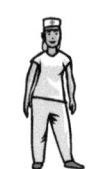

de verpleegster
sairaanhoitaja

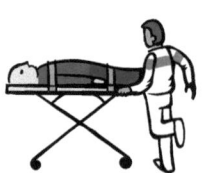

het noodgeval
hätätilanne

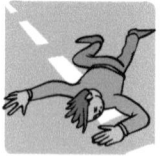

bewusteloos
tajuton

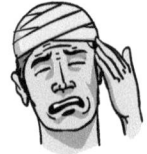

de pijn
kipu

de verwonding

vamma

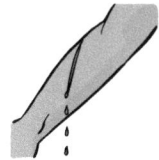

de bloeding

verenvuoto

de hartaanval

sydänkohtaus

de beroerte

aivoinfarkti

de allergie

allergia

de hoest

yskä

de koorts

kuume

de griep

flunssa

de diarree

ripuli

de hoofdpijn

päänsärky

de kanker

syöpä

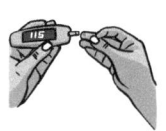

de diabetes

diabetes

de chirurg

kirurgi

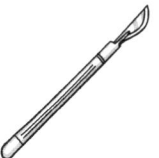

het scalpel

veitsi

de operatie

leikkaus

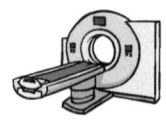	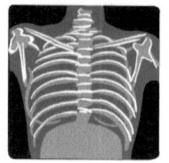	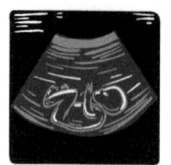
de CT	de röntgen	de echografie
ct	röntgen	ultraääni

het gezichtsmasker	de ziekte	de wachtkamer
maski	sairaus	odotushuone
	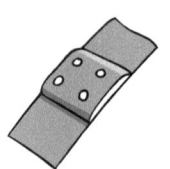	
de kruk	de pleister	het verband
sauva	laastari	side
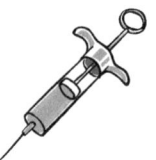	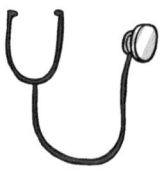	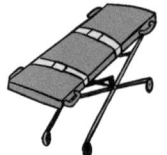
de injectie	de stethoscoop	de brancard
pistos	stetoskooppi	paarit

de thermometer	de geboorte	het overgewicht
kuumemittari	syntymä	ylipaino

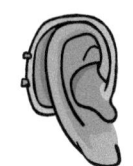

het gehoorapparaat

kuulolaite

het ontsmettingsmiddel

desinfiointiaine

de infectie

infektio

het virus

virus

(de) HIV / AIDS

HIV / AIDS

het medicijn

lääke

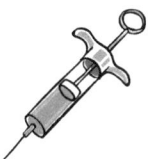

de inenting

rokotus

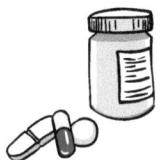

de tabletten

tabletit

de pil

pilleri

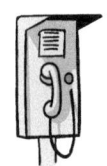

het alarmnummer

hätäpuhelu

de bloeddrukmeter

verenpainemittari

ziek / gezond

sairas / terve

Help!

Apua!

het alarm

hälytys

de overval

ryöstö

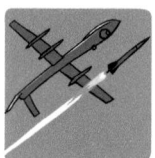

de aanval

hyökkäys

het gevaar

vaara

de nooduitgang

hätäuloskäynti

Brand!

Tulipalo!

de brandblusser

palosammutin

het ongeluk

onnettomuus

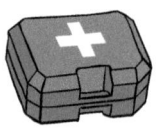

de EHBO-koffer

ensiapulaukku

SOS

SOS

de politie

poliisilaitos

Europa

Eurooppa

Noord-Amerika

Pohjois-Amerikka

Zuid-Amerika

Etelä-Amerikka

Afrika

Afrikka

Azië

Aasia

Australië

Australia

de Atlantische Oceaan

Atlantin valtameri

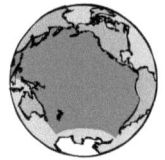

de Stille Oceaan

Tyynimeri

de Indische Oceaan

Intian valtameri

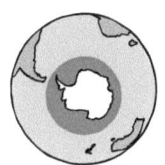

de Zuidelijke Oceaan

Eteläinen jäämeri

de Noordelijke IJszee

Pohjoinen jäämeri

de Noordpool

pohjoisnapa

de Zuidpool

etelänapa

Antarctica

Antarktis

de aarde

maa

het land

maa

de zee

meri

het eiland

saari

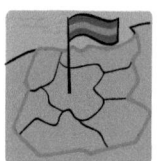

de natie

kansa

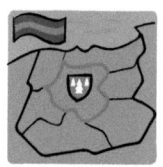

de staat

osavaltio

de wijzerplaat

kellotaulu

de uurwijzer

tuntiviisari

de minutenwijzer

minuuttiviisari

de secondewijzer

sekuntiviisari

Hoe laat is het?

Paljonko kello on?

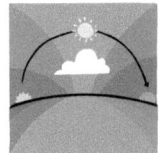

de dag

päivä

de tijd

aika

nu

nyt

het digitaal horloge

digitaalikello

de minuut

minuutti

het uur

tunti

de week
viikko

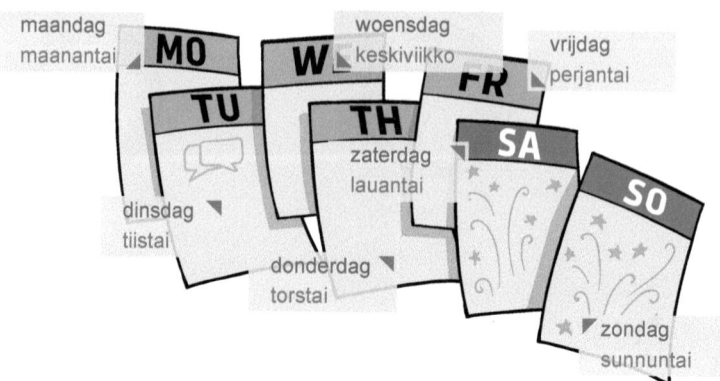

maandag
maanantai
MO

woensdag
keskiviikko
W

vrijdag
perjantai
FR

TU

TH

SA

dinsdag
tiistai

zaterdag
lauantai

SO

donderdag
torstai

zondag
sunnuntai

gisteren
....
eilen

vandaag
....
tänään

morgen
....
huomenna

de ochtend
....
aamu

de middag
....
keskipäivä

de avond
....
ilta

MO	TU	WE	TH	FR	SA	SU
1	2	3	4	5	6	7
8	9	10	11	12	13	14
15	16	17	18	19	20	21
22	23	24	25	26	27	28
29	30	31	1	2	3	4

de werkdagen
....
työpäivät

MO	TU	WE	TH	FR	SA	SU
1	2	3	4	5	6	7
8	9	10	11	12	13	14
15	16	17	18	19	20	21
22	23	24	25	26	27	28
29	30	31	1	2	3	4

het weekend
....
viikonloppu

het jaar
vuosi

de regen
sade
de regenboog
sateenkaari
de sneeuw
lumi
de wind
tuuli
het voorjaar
kevät
de herfst
syksy
de zomer
kesä
de winter
talvi

4.APRIL 11°
5.APRIL 4°
6.APRIL 13°
7.APRIL 8°
8.APRIL 10°

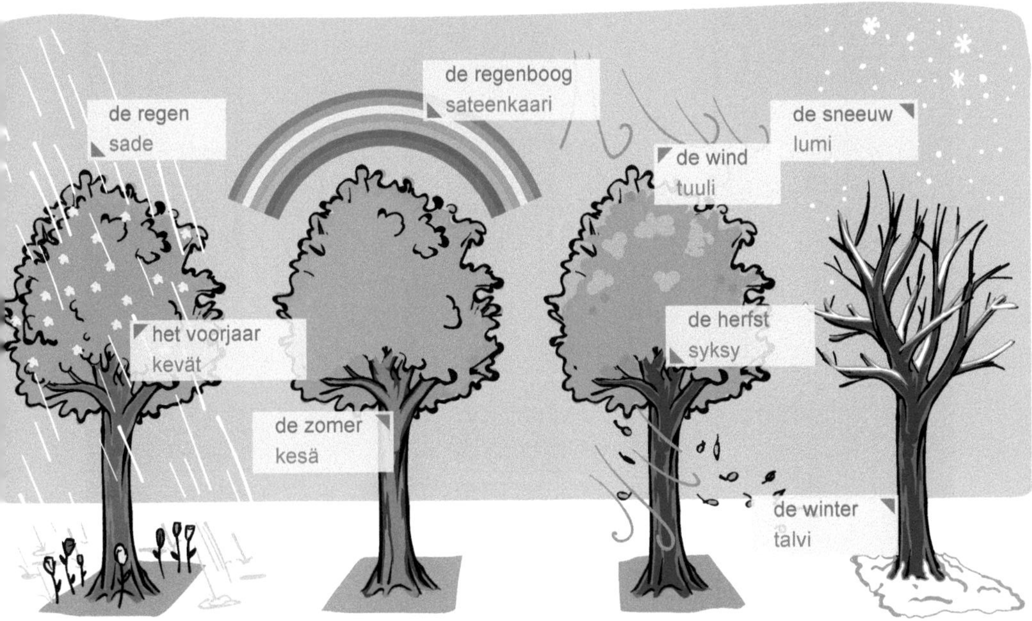

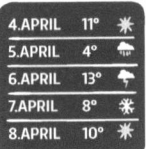

het weerbericht
sääennuste

F C
120 40
90 30
60 20
30 10
0 0
-30 -10
-20

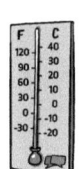

de thermometer
lämpömittari

de zonneschijn
auringonpaiste

de wolk
pilvi

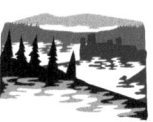

de mist
sumu

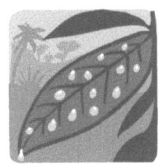

de luchtvochtigheid
ilmankosteus

de bliksem

salama

de donder

ukkonen

de storm

myrsky

de hagel

rae

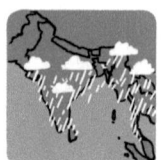

de moesson

monsuuni

de overstroming

tulva

het ijs

jää

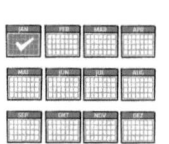

januari

tammikuu

februari

helmikuu

maart

maaliskuu

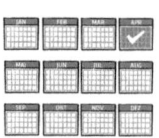

april

huhtikuu

mei

toukokuu

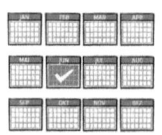

juni

kesäkuu

juli

heinäkuu

augustus

elokuu

september
....
syyskuu

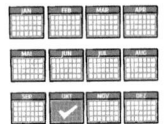

oktober
....
lokakuu

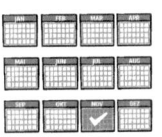

november
....
marraskuu

december
....
joulukuu

de vormen
muodot

de cirkel
....
ympyrä

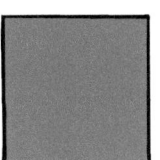

het vierkant
....
neliö

de rechthoek
....
suorakulmio

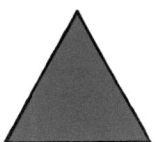

de driehoek
....
kolmio

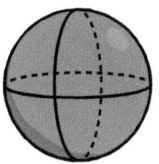

de bol
....
pallo

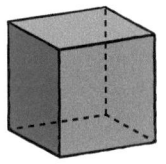

de kubus
....
kuutio

de kleuren
värit

wit
....
valkoinen

geel
....
keltainen

oranje
....
oranssi

roze
....
vaaleanpunainen

rood
....
punainen

paars
....
violetti

blauw
....
sininen

groen
....
vihreä

bruin
....
ruskea

grijs
....
harmaa

zwart
....
musta

veel / weinig

paljon / vähän

boos / rustig

vihainen / ystävällinen

mooi / lelijk

kaunis / ruma

begin / einde

alku / loppu

groot / klein

suuri / pieni

licht / donker

vaalea / tumma

broer / zus

veli / sisko

schoon / vies

puhdas / likainen

volledig / onvolledig

täydellinen / epätäydellinen

dag/ nacht

päivä / yö

dood / levend

kuollut / elävä

breed / smal

leveä / kapea

eetbaar / oneetbaar

syötävä / syömäkelvoton

gemeen / aardig

paha / kiltti

opgewonden / verveeld

innostunut / tylsistynyt

dik / dun

lihava / laiha

eerste / laatste

ensimmäinen / viimeinen

vriend / vijand

ystävä / vihollinen

vol / leeg

täysi / tyhjä

hard / zacht

kova / pehmeä

zwaar / licht

painava / kevyt

honger / dorst

nälkä / jano

ziek / gezond

sairas / terve

illegaal / legaal

laiton / laillinen

intelligent / dom

älykäs / tyhmä

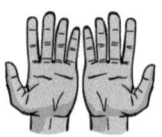

links / rechts

vasen / oikea

dichtbij / ver

lähellä / kaukana

nieuw / gebruikt

uusi / käytetty

niets / iets

ei mitään / jotain

oud / jong

vanha / nuori

aan / uit

päällä / pois päältä

open / gesloten

auki / kiinni

zacht / luid

hiljainen / äänekäs

rijk / arm

rikas / köyhä

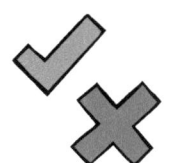

goed / fout

oikein / väärin

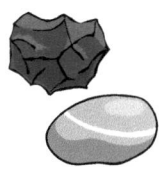

ruw / glad

karhea / sileä

verdrietig / gelukkig

surullinen / iloinen

kort / lang

lyhyt / pitkä

langzaam / snel

hidas / nopea

nat / droog

märkä / kuiva

warm / koel

lämmin / viileä

oorlog / vrede

sota / rauha

0	1	2
nul	één	twee
nolla	yksi	kaksi

3	4	5
drie	vier	vijf
kolme	neljä	viisi

6	7	8
zes	zeven	acht
kuusi	seitsemän	kahdeksan

9	10	11
negen	tien	elf
yhdeksän	kymmenen	yksitoista

12

twaalf

kaksitoista

13

dertien

kolmetoista

14

veertien

neljätoista

15

vijftien

viisitoista

16

zestien

kuusitoista

17

zeventien

seitsemäntoista

18

achttien

kahdeksantoista

19

negentien

yhdeksäntoista

20

twintig

kaksikymmentä

100

honderd

sata

1.000

duizend

tuhat

1.000.000

miljoen

miljoona

Engels

englanti

Amerikaans Engels

amerikanenglanti

Chinees Mandarijn

mandariinikiina

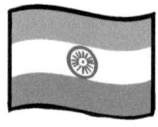

Hindi

hindi

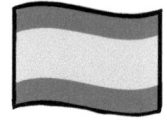

Spaans

espanja

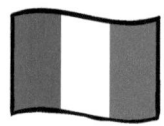

Frans

ranska

Arabisch

arabia

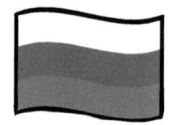

Russisch

venäjä

Portugees

portugali

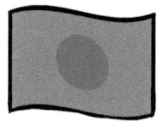

Bengalees

bengali

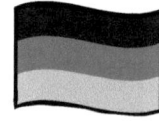

Duits

saksa

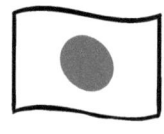

Japans

japani

ik

minä

jij

sinä

hij / zij / het

hän

wij

me

jullie

te

zij

he

wie?

kuka?

wat?

mitä / mikä?

hoe?

miten?

waar?

missä?

wanneer?

milloin?

de naam

nimi

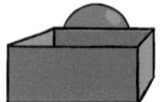

achter
....
takana

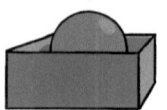

in
....
sisällä

voor
....
edessä

boven
....
yläpuolella

op
....
päällä

onder
....
alapuolella

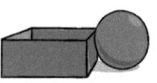

naast
....
vieressä

tussen
....
välissä

plaats
....
paikka